L'INTERVENTION DE M. D'EPRÉMESNIL,

RÉDUITE A SEPT RAISONNEMENTS.

Les Personnes ſenſées n'eſtiment un Diſcours qu'autant qu'il peut ſe réſumer en un ou pluſieurs Raiſonnemets, dont la dernière conſéquence eſt la Propoſition contentieuſe.

J'ai toujours avancé trois Propoſitions : la première, que *je pouvois intervenir dans le Procès-criminel du Comte de Lally :* la ſeconde, que *M. de Lally calomnioit le Frère de mon Père, en l'accuſant pour ſe juſtifier :* la troiſiéme, que, *par ces calomnies de l'eſpéce la plus atroce qu'on pût imaginer, M. Lally rejettoit ſes propres trahiſons ſur mon Oncle ; enſorte que M. de Lally étoit tout à la fois un traître, un calomniateur.*

Ces trois propoſitions, je les ai développées & démontrées dans mes précédents Écrits, & je les réſume dans celui-ci.

Mon adverſaire ſe reſpectera-t-il enfin aſſez lui-même, lui, la Nation & la Poſtérité, pour imiter ma franchiſe & ſuivre ma méthode ?

Qu'il raiſonne & qu'il réſume. Qu'il me propoſe un ou pluſieurs Raiſonnements établis, comme les miens, ſur des principes inconteſtables, & ſur des faits prouvés, & dont les conſéquences régulièrement déduites ſoient celles-ci : *donc M. de Lally étoit innocent : donc M. de Lally n'a point calomnié M. de Leyrit ;* alors mon Intervention tombe d'elle-même.

Car enfin, tout bien conſidéré, il n'eſt pas juſte que toutes les régles de l'Art de raiſonner ſoient détruites, pour que la mémoire d'un traître & d'un calomniateur ſoit réhabilitée, aux dépens de l'innocence.

L'INTERVENTION DE M. D'EPRÉMESNIL,

Réduite à ſept Raiſonnements.

Premier Raiſonnement.

JE puis & je dois intervenir dans le Procès criminel du Comte de Lally, ſi j'y ſuis intéreſſé, à moins que la Loi ne défende expreſſément toute Intervention en matiere criminelle : or j'y ſuis intéreſſé ; & la Loi ne défend pas l'Intervention en matiere criminelle : je défie qu'on me cite à cet égard un ſeul article prohibitif dans l'Ordonnance : donc je puis & je dois intervenir.

Deuxiéme Raiſonnement.

Je ſuis intéreſſé dans ce Procès, ſi l'on veut réhabiliter la Mémoire du Comte de Lally, aux dépens de celle du frere de mon pere : or on veut réhabiliter la mémoire du Comte de Lally aux dépens de celle du frere de mon pere ; donc je ſuis intéreſſé dans ce Procès.

Troisième Raisonnement.

On veut réhabiliter la mémoire du Comte de Lally aux dépens de celle du frere de mon pere, si l'on rejette sur la mémoire du frere de mon pere le crime de trahison imputé au Comte de Lally : or on le rejette : cela est établi par ma Requête d'Intervention ; cela est avoué, répété, garanti par le Curateur à la mémoire du Comte de Lally ; chaque page des Mémoires supprimés en 1766, & reproduits en 1778, en est la preuve : donc on veut réhabiliter la mémoire du Comte de Lally aux dépens de celle du frere de mon pere.

Quatriéme Raisonnement.

Cette volonté, ces efforts sont bien coupables & n'auroient rien d'intéressant même dans un fils, si ce fils n'étoit que l'organe volontaire des plus horribles calomnies : or le Curateur à la mémoire du Comte de Lally, n'est que l'organe volontaire des plus horribles calomnies : donc ses efforts n'ont rien d'intéressant, & sont, au contraire, bien coupables (*a*).

(*a*) On se récrie sur le beau rôle que joue en ce moment le sieur Tolendal. Ce seroit donc un procédé bien admirable de défendre son pere ! & le frere de son pere ! est-ce une bêtise, est-ce un délit de voler à son secours ? Je n'observerai pas que l'intérêt, dans cette cause, est dû à l'innocence ; & que mon adversaire tremblant devant moi, mon adversaire qui ne travaille pas à me répondre, mais à m'écarter ; mon adversaire qui s'arroge le droit de calomnier mon oncle, & me conteste, en fuyant, celui de le défendre, n'a pas trop l'air d'un homme plaidant pour l'innocence. Mais allons plus loin, & comparons sa position avec la mienne. *Qu'il est intéressant !* dit-on. A la bonne heure. Je ne veux pas déprimer son Action, quoiqu'il décrie mon Intervention. Mais je pense qu'il m'est permis d'apprécier, & l'Action, & l'Intervention, à leur juste valeur. Comparons donc. Mon adversaire n'a point d'état civil * : les biens trouvés chez le Comte de

---

* Par acte du 2 Août 1780, tendant, premièrement, à réparer une erreur topographique qui s'étoit glissée dans mon second Plaidoyer, au sujet du Fort

Cinquième Raiſonnement.

Tous les Mémoires du Comte de Lally, publiés par lui en 1766, & volontairement reproduits, & garantis en 1778 par ſon Curateur, ne ſont que d'horribles calomnies, en

---

Lally ſont confiſqués. S'il réuſſit, il eſpère qu'on ne ceſſera pas de fermer les yeux ſur ſa naiſſance; s'il réuſſit, il eſpère entrer par accommodement en poſſeſſion, ou du moins en partage des biens confiſqués. Et l'on peut croire que c'eſt là ſon principal objet, puiſqu'il ne veut pas que l'innocence prétendue de ſon pere ſoit éprouvée par mes contradictions; puiſqu'il ne veut pas que la mémoire de mon oncle, que je ſoutiens calomnieuſement accuſé de trahiſon par le Comte de Lally, ſoit confrontée avec la mémoire de celui-ci, dans lequel je dénonce le traître & le calomniateur à la fois; en un mot, puiſqu'il fuit à mon approche, & que mon Intervention qui devroit le combler de joie, ſi ſon père étoit innocent, le fait pâlir. Dequoi donc s'occupe-t-il? De l'honneur? ou de la fortune? Le beau rôle en effet! le pur zele! Ah! qu'il eſt honorable pour la mémoire du Comte de Lally! Mais moi! qu'ai-je à gagner? je n'ai rien recueilli; je n'ai rien à recueillir des biens de mon oncle. Que n'ai-je point à perdre? mon bien, mon repos, mon temps; ...... mon temps conſacré depuis quinze ans à l'étude, & quelquefois à la défenſe des grandes régles d'Adminiſtration & de Juſtice; .... & ſur-tout cette heureuſe illuſion qui me laiſſoit penſer qu'il ſuffiſoit de montrer la Vérité, pour qu'elle frappât tous les yeux & s'emparât de tous les cœurs .... François! François! que penſer de nos mœurs? Où ſont les droits de la Nature? Qu'eſt devenue notre antique loyauté, ſi c'eſt pour nous une action héroïque de défendre ſon pere, quand on eſpère y tant gagner; & ridicule, de défendre le frere de ſon pere, à ſes propres périls, ſans autre objet que l'Honneur & la Patrie? Magiſtrats, Miniſtres, peres de famille, & vous ſur-tout, le premier de mes juges, pere de vos peuples, vous qui donnez ſur le trône l'exemple des bonnes mœurs, ah! Sire, daignez y penſer.

S.-David; ſecondement, à ſommer le ſieur Tolendal de déclarer s'il reconnoiſſoit comme de lui, & pour être diſtribués par ſon fait, deux *Fargmens* imprimés & publiés ſans ſignature d'Avocat, de Procureur, ni de Partie, j'ai *proteſté expreſſément contre la qualité de* COMTE DE LALLY-TOLENDAL, *priſe par mon adverſaire, en lui déclarant que j'aurois continué à garder le ſilence ſur cette qualité, s'il n'avoit pas eu l'imprudence de ſe l'arroger dans des actes à moi ſignifiés; mais que je ne croyois plus devoir négliger les avantages réſultants pour ma cauſe, pour la Juſtice, & pour la Poſtérité, de ſon véritable état.*

tout ce qui concerne le frere de mon père, si les griefs accumulés dans ces Mémoires, ne sont pas même rendus probables par le condamné, ni par son Curateur; s'il n'en existe pas au procès, hors du procès, le plus léger indice, & si la fausseté de tous ces griefs est démontrée par moi: or l'improbabilité de ces griefs est prouvée par le silence du S. Tolendal sur mes défis; il n'existe pas au procès, hors du procès, le plus léger indice de ces griefs; je porte à cet égard, au S. Tolendal, le défi le plus formel; & la fausseté de ces mêmes griefs est prouvée par mon second Plaidoyer: donc tous les Mémoires du Comte de Lally ne sont que d'horribles calomnies.

Sixième Raisonnement.

Un autre que mon oncle pouvoit être calomnié. Lecteur impartial, Lecteur sensible, ce pouvoit être le frere de votre pere, votre pere lui-même. Eh bien, c'est à vous que je m'adresse; si l'intérêt personnel, un engouement passager, une fausse pitié ne vous aveuglent pas, répondez-moi, je vous supplie....... Ces calomnies ne vont-elles pas vous inspirer une horreur inexprimable, quand vous sçaurez que leur auteur l'étoit aussi des trahisons qu'il osoit imputer....... au frere de votre pere; car le mien & le vôtre ne doivent pas se distinguer ici...... Or l'auteur des calomnies l'étoit aussi des trahisons, c'est-à-dire, le Comte de Lally étoit lui-même le traître envers le Roi, l'Etat & la Compagnie. Donc ses calomnies sont de l'espéce la plus atroce que l'on puisse imaginer.

M. de Lally étoit lui-même le traitre envers le Roi, l'Etat & la Compagnie; je le prouve.

Septiéme Raisonnement.

Celui-là fut un traître envers le Roi, l'Etat & la Compagnie, qui, Commissaire du Roi, Général de l'Armée, & Syndic de la Compagnie dans l'Inde, a, durant trois années qu'a duré son Expédition, négligé sciemment toute espéce de précaution.

Mal concerté toutes ses expéditions.

Abandonné, sans les défendre, sans nécessité, sans vouloir les secourir, tous ses postes, l'un après l'autre.

Epuisé le trésor public, sans payer les troupes.

Autorisé une armée révoltée; appellé cette armée révoltée au pillage de la Ville.

Offensé, éloigné ses Alliés.

Dissipé les vivres, combattu, détruit les moyens d'en avoir.

Donné des ordres pour faciliter à l'ennemi l'assaut de la place.

Joué l'envie de capituler, fait rédiger, partir, porter à l'ennemi une Capitulation; mais traversé indignement cette Capitulation, en prévenant l'ennemi de l'état de la Place, après l'avoir irrité, ou paru l'irriter, par des reproches de perfidie: & s'est fait un prétexte de ces mêmes reproches, de ses propres avis, pour livrer l'Armée, les Habitans, la Ville, la Colonie à la discrétion de cet ennemi, moins fort que lui en nombre.

Telle est ma Majeure. Je défie le S. Tolendal de la nier. Voici ma Mineure.

Or le Comte de Lally a fait tout cela sciemment & constamment durant les trois années de son expédition dans l'Inde.

Telle est ma Mineure: elle est prouvée jusqu'à la démonstration, avec tous les caractères de l'évidence, dans mon second Plaidoyer: j'en joins ici le *Résumé au Roi.*

Je défie le ſieur de Tolendal de répondre à ce Plaidoyer, faits par fait :

Donc le Comte de Lally fut un traître envers le Roi, l'Etat & la Compagnie (*a*).

Donc ce traître, en rejettant ſa trahiſon ſur mon Oncle, étoit en même-temps le plus indigne calomniateur.

On revient, ſous ſon nom, à l'abri de ſa mémoire, renouveller, garantir ces calomnies horribles; dois-je le ſouffrir? N'ai-je pas une Action? Je le demande à toutes les âmes honnêtes. Où puis-je la porter, cette Action, ſi ce n'eſt au Procès où ſe trouve la calomnie? Je le demande à tous les Juriſconſultes. Que dis-je? je le demande à tous ceux de mes Concitoyens que le ciel a doués d'un cœur droit, & d'un eſprit juſte. Vous dites à vos Juges, *mon Père étoit innocent, parce que M. de Leyrit étoit coupable.* Et moi, neveu de M. de Leyrit, je ne pourrai pas intervenir pour dire à ces Juges, *non, M. de Leyrit, frère de mon père, n'étoit pas coupable, il eſt calomnié* .... Juſte Ciel!

Ad Cælum lumina tollens.......

(*a*) Je ne parle point ici de ce qu'on appelle dans le monde *les peccadilles* de M. de Lally, tels qu'uſure à 30 pour 100 ſur la Compagnie, par l'entremiſe d'un tiers, dans un moment de criſe peint par le Général lui-même : tels qu'abus d'autorité portés juſqu'à la mort, exactions, vexations, férocités, ſubornation de témoins ſur une accuſation d'aſſaſſinat. De tous ces crimes, les uns étoient dignes du dernier ſupplice, les autres, tels que l'uſure, des Galères à perpétuité. Je les omets dans ce Mémoire, pour m'en tenir à la trahiſon envers l'Etat, à la calomnie envers mon Oncle.

DÉFIS

DÉFIS respectifs du Sr TOLENDAL, & de M. d'EPRÉMESNIL, extraits du premier Plaidoyer de ce Magiſtrat.

Defi du Sr Tolendal.

ENFIN, à la face de l'univers (*a*), je porte à tous les ennemis de mon père & de ſa mémoire, quels qu'ils aient été, quels qu'ils ſoient, quels qu'ils puiſſent être, paſſés, préſens ou à-venir, le défi de produire la preuve d'un ſeul crime, l'ombre d'une ſeule preuve, contre cette malheureuſe & innocente victime.

Réponſe de M. d'Eprémeſnil.

En vérité, MESSIEURS, pardonnez-moi cette expreſſion, les bras me tombent. Défenſeur infortuné du Comte de Lally! je ne ſuis point ſon ennemi, moins encore le vôtre; je vous l'ai déjà dit : mais il a calomnié le frère de mon père; mais vous reproduiſez ſes outrageans Mémoires; je ſuis votre Adverſaire; je dois l'être, ce titre me ſuffit; votre défenſe ne peut plus m'être indifférente. Vous demandez, vous provoquez la preuve d'un ſeul crime, l'ombre d'une ſeule preuve; tel eſt votre défi. Avant que j'y réponde, écoutez les miens; je ne les adreſſerai point, par la voie d'un Journal, à des inconnus, à des abſens : c'eſt à vous, nommément, que je les porte, devant nos Juges; ils vous ſeront ſignifiés.

(*a*) Voyez la Lettre du Sr Tolendal, au Comte de Vergennes, imprimée au *Courier de l'Europe*, 4e volume, n° 14.

J'ai tranſporté ici, je dépoſerai entre les mains de M. l'Avocat-Général, je conſens qu'elles ſoient communiquées à mon Adverſaire, toutes les correſpondances de mon Oncle avec les Miniſtres, la Compagnie, les Conſeillers, les Officiers, les Employés, les Etrangers, & je déclare avec ſerment que je n'en retiens pas une ſeule Lettre.

Eh bien, Monſieur, dans toutes ces correſpondances, je vous défie de trouver une ligne qui ſoit au déſavantage de mon Oncle.

Je vous défie de citer un ſeul homme dans la Colonie, qui ſe ſoit plaint de mon Oncle, avec le plus léger fondement, & d'en citer un ſeul qui n'ait pas eu lieu de porter contre le ſieur de Lally, les plaintes les plus graves.

Je vous défie de citer une ſeule demande du Comte de Lally, ſur laquelle mon oncle ne l'ait pas ſatisfait, ou n'ait prouvé l'impoſſibilité de le ſatisfaire : impoſſibilité provenant preſque toujours de la faute du Comte de Lally.

Je vous défie de citer un ſeul fait important dont mon Oncle n'ait pas été inſtruit : un ſeul avis néceſſaire que mon Oncle n'ait pas donné au Comte de Lally : une ſeule précaution qu'il ait négligé de prendre par lui-même, ou d'inſpirer au Général : une ſeule négociation avantageuſe à l'Etat, qu'il n'ait pas favoriſée de tout ſon pouvoir : une ſeule, inutile ou funeſte, ſur laquelle il n'ait pas gardé, avec tout autre que M. de Lally, ſon Supérieur, & le Conſeil, compoſé de ſes Collègues, le plus reſpectueux ſilence.

Je vous défie de citer un ſeul poſte françois dont mon

Oncle n'ait pas prévu la perte, un ſeul poſte ennemi dont mon Oncle n'ait pas prévu le ſalut, par les moyens inſuffiſans ou contraires que le Comte de Lally employoit, quoiqu'averti.

Et, pour que l'homme ſoit connu dans mon Oncle auſſi-bien que l'Adminiſtrateur, je vous défie de citer une ſeule plainte, un ſeul murmure, par écrit ou verbal, que mon Oncle ſe ſoit permis. Que dis-je? Je vous défie de citer une ſeule attention perſonnelle, que mon Oncle, vexé, outragé, ruiné, calomnié par M. de Lally, n'ait pas eu pour ſon perſécuteur, dans lequel je vous ſoutiens qu'il n'a pas ceſſé un ſeul inſtant, de voir, d'honorer, de reſpecter, d'aider de ſes conſeils, de ſon pouvoir, de ſa perſonne, l'homme du Roi & de l'Etat.

Enfin, je vous défie de citer une ſeule occaſion même légère, où mon Oncle ait négligé un devoir de ſa place.

Une ſeule où ſa fortune, ſon repos, ſa ſanté, ſa vie aient été pour lui de quelque prix en comparaiſon du bien public.

En un mot, je vous défie de trouver dans toute ſa conduite, je ne dis pas ſeulement ſous le Généralat de votre père, mais pendant vingt années, que lui, mon Oncle, a commandé dans l'Inde, depuis l'âge de 26 ans, juſqu'à celui de 46, un ſeul trait, qui ne ſoit pas conforme aux Loix les plus ſtrictes du Patriotiſme le plus pur, du gouvernement le plus juſte, de la ſubordination la plus généreuſe, du déſintéreſſement le plus religieux.

Ces défis, Monſieur, ſont-ils clairs? Je me flatte que l'auteur de la véhémente Lettre qui me les arrache, y répondra catégoriquement. Et, pourvû que, ſur chaque fait qu'il lui plaira d'alléguer, il veuille bien citer la date, je m'engage, ſur mon état, ſur mon honneur, j'ajouterois ſur ma tête, ſi cette garantie, moins chère que les deux autres, n'étoit pas encore très-ridicule, quand elle eſt inadmiſſible; mais je m'engage, ſur mon état, ſur mon honneur, à ne pas laiſſer contre mon Oncle, aux plus légers reproches, le plus léger prétexte..... que ſi vous ne répondez pas à ces défis, Monſieur, nous ſommes jugés................. Revenons au vôtre; il eſt formel : la preuve d'un ſeul crime: l'ombre d'une ſeule preuve: vous ſommez de les produire. C'eſt bien là votre défi! Ma réponſe ſera très-courte....... Je l'accepte.

Réplique du Sr Tolendal.

Il abandonne ſon défi; il n'accepte pas ceux de M. d'Eprémeſnil.

RÉSUMÉ

RÉSUMÉ AU ROI,

Extrait du ſecond Plaidoyer de M. D'EPRÉMESNIL.

'AURAI pour moi, MESSIEURS, la Loi, la Vérité, otre juſtice. Voilà mon crédit, mes protecteurs ; voilà ette armure céleſte que mon Adverſaire m'a reprochée. vec elle, oui, ſans doute avec elle, je me crois invulnéra-le. Mon Adverſaire m'a déclaré qu'il iroit aux pieds du oi. Et bien ! je l'y ſuivrai. Je doute fort qu'il ôſe, devant perſonne du Roi, ſe jetter, s'emporter, s'égarer dans ces éclamations intolérables, qu'il s'eſt pourtant permiſes devant Roi, préſent ici par ſa Juſtice. Mais enfin le Roi l'écou-ra, parce qu'il eſt bon ; le Roi m'écoutera, parce qu'il eſt ſte ; je laiſſerai, comme j'ai fait ici, un libre cours à ſes dé-amations ; mon tour viendra ; je répondrai : « SIRE, ne ſouffrez pas qu'une fauſſe pitié s'empare de votre cœur. La vraie bonté des Rois, c'eſt la Juſtice. L'innocence, les loix, la majeſté des Tribunaux qui tirent de vous tout leur éclat, la vérité m'ont précédées à vos pieds, & m'environnent ; cette Vérité, SIRE, vous annonce par ma bouche, que le Général Lally a trahi dans l'Inde le feû Roi votre Aïeul. Que VOTRE MAJESTÉ daigne compter & peſer les témoignages, examiner les Piéces, ſuivre les faits. Voyez ce Général, en même temps Commiſſaire du feû Roi votre Aïeul, & Syndic de la Compagnie débuter, en arrivant, par des outrages envers le Gouverneur & le Conſeil Souverain, Dépoſitaires de votre autorité ; marcher à S.-David ſans aucune précaution ; accuſer tout le monde

» avant la prise, forcé de se rétracter après le succès; évacuer, malgré l'avis du Conseil, Chéringham, poste qui devoit favoriser l'expédition prochaine du Tanjaour; exposer dès ce moment, par le rappel combiné de deux Chefs nécessaires, sans délibération du Conseil, sans même le consulter, au mépris des instances réitérées du Gouverneur, l'importante Ville de Mazulipatam, & vos riches Provinces du Dékan, aux armes de l'ennemi; voyez-le en marche pour le Tanjaour, ne pas vouloir attendre les vivres & les munitions, piller vos propres Aldées, dissiper les vivres sur la route, retarder, détourner ses approches pour le pillage inutile d'une autre Ville, arriver, mais avertir de sa propre détresse l'ennemi qu'il va combattre, trahir vos intérêts tantôt par sa négociation dérisoire avec cet ennemi, tantôt par la rupture de cette négociation devenue plus sérieuse, & consommer ses perfidies par la plus honteuse fuite; il revient à Pondichéry, c'est pour empêcher le Conseil Supérieur d'écrire en France; c'est pour y déranger l'administration des Finances, l'usurper sur le Conseil, ramener tout à la caisse Militaire, dont lui seul disposoit. Il prend possession d'Arcate, c'est pour en constituer d'abord Régisseur, ensuite Nabab, Rajasaëb, ennemi naturel de trois Princes Maures, que ses instructions lui prescrivoient de ménager, nos Alliés, ennemis des Anglois, & qui, sur la simple nouvelle de la Régie, ont quitté notre parti, massacré vos sujets, secouru vos ennemis, traversé le siége de Madras. Le Général part pour cette expédition. Deux laks lui suffisoient. A ce prix il répondoit de Madras. Il touche plus de six laks, & Madras n'est point pris. Durant le siége, un Partisan suspect d'intelligence est arrêté, mais relâché ; durant le siége, des liaisons suivies du Général avec plusieurs Dames Angloises, étonnent tous vos sujets. La Ville noire est pillée sans nécessité, comme sans fruit ; la Forteresse est attaquée obstinément par l'endroit le plus fort & le plus incommode pour recevoir des munitions ; ces munitions elles-mêmes sont volontairement mal employées ; le feu des attaques est volontairement interrompu ; nos batteries sont livrées sans défense au feu des assiégés ; des Lettres abominables, écrites, envoyées par le Général, sans précaution, éloignent nos Alliés, encouragent nos ennemis. Un de leurs postes (*a*) qu'il falloit prendre, qu'on pouvoit prendre, leur est laissé ; &, de ce poste, une poignée d'Anglois se fait un point d'appui pour désoler notre Camp. Durant le siége, un Bâtiment Anglois, annoncé au Général, s'approche & mouille impunément sous le canon de la Forteresse, après quoi on envoie le canonner. Enfin une terreur affectée du Général lui fait lever le siége. Il ne se retire pas ; il fuit, laissant à l'ennemi, qui ne le poursuivoit pas, qui ne pouvoit pas le poursuivre, artillerie, munitions, tout, jusqu'à vos sujets blessés, abandonnés, par son silence, aux horreurs de la faim pendant deux jours. Cependant, SIRE, pour ce siége incroyable, Pondichéry étoit demeuré sans garnison, vos Aldées sans défense, les récoltes sans protection, & l'ennemi les a détruites. De retour à Pondichéry, le Général y fait sentir, au lieu de l'autorité bienfaisante de VOTRE MAJESTÉ, tout le poids de la tyrannie la plus insupportable. Les Malabares sont vexés impitoyablement ; plusieurs prennent la fuite. Mazulipatam est assiégé. Il falloit le secourir ; le Général dif-

(*a*) Chinguelpet.

» fère, par l'effet de fa haine contre un de vos plus braves » fujets; Mazulipatam eft enlevé. La voix publique dénonce le » Commandant; on informe; l'information étoit concluante; » le Général arrête violemment les procédures, & comble » d'honneurs le Commandant. Cangivarom étoit à vous; pofte » important; le Général le fçavoit bien, & l'avoit reconnu » par un écrit folemnel. Un mois après, l'ennemi en fait le fiége; » le Général ne veut pas le fecourir; Cangivarom eft pris; » &, dans ce pofte, un Allié fidèle eft abandonné au fer de » l'ennemi, qui le fait maffacrer, lui & toute fa famille. Vous » aviez Arcate, pays fécond en vivres, précieux par fes reve- » nus; le Général fépare fon Armée en deux corps, par un » intervalle de foixante lieues; Arcate demeure fans protec- » tion, & les Anglois y reprennent leur ancienne prépondé- » rance. L'Armée fe révolte pour dix mois de paye; le Gé- » néral l'approuve, l'autorife, l'irrite contre les habitans & le » Confeil, veut l'exciter, l'aider, la conduire au pillage de » votre Ville, & finit par lui payer fix mois en fix jours, & » deux autres mois, dix-fept jours après, lui qui fe difoit » dénué d'argent & de moyens pour en avoir. Bientôt il perd » en perfonne, par fa mauvaife difpofition & par fa lâcheté » une bataille à Vandavachy, au même lieu où nos troupes » avoient remporté, fans lui, quatre mois auparavant, une » victoire fignalée. Alors il rentre dans Pondichéry, pour n'en » plus fortir, ne fait plus faire à votre Armée, fupérieure » en nombre, même de fon aveu, à celle de l'ennemi, que » des mouvemens rétrogrades, commet une ufure effroyable, » fous un nom emprunté, contre la Compagnie dont il étoit » Syndic, dans un moment de crife publique, expofée par » lui-même très-pathétiquement trois jours auparavant; aban-

» donne à l'ennemi toutes vos possessions, laisse prendre tous » ses postes, les uns après les autres, sans vouloir les secourir; » déclare pour l'un d'eux (*a*) ; qu'*il ne l'a pas voulu ;* qu'*il étoit* » *trop mécontent de la Cour;* fait faire des signaux auxquels » les François ne pouvoient pas répondre, puisque, dans les » momens choisis, on n'attendoit ni Vaisseaux ni convois, » mais auxquels on répond du Camp Anglois ; se livre en » désespéré à tous les emportemens de sa haine contre les » habitans, le Gouverneur & le Conseil de votre Ville; laisse » vendre au-dehors de la Place, par un Concussionnaire (*b*), » qu'il avoit puni comme tel, les vivres amassés pour la Place, » traverse tous les soins qu'on vouloit prendre pour l'appro- » visionnement, appelle à son secours les Mayssouriens pour » affamer la Ville, ne veut pas les mener à l'ennemi, pro- » pose de les piller & de les massacrer ; consent à la formation » d'un Comité pour l'objet des vivres; mais, voyant qu'il réus- » sit, le casse trois semaines après ; au lieu de se concerter » avec le Conseil, l'accable d'invectives; au lieu d'encourager » les habitans, les accuse, publiquement & sans prétexte, de » trahison; fait dresser dans les rues des roues & des poten- » ces ; menace les Conseillers de les faire fusiller, s'ils paroissent » ensemble plus de cinq à six; chasse les Malabares, sans ap- » puyer leur sortie ; abandonne au pillage de vos Soldats la » Ville noire ; menace des mêmes horreurs la Ville blanche ; » rebute les mères éplorées ; met sous leurs yeux l'image » du repas le plus horrible (*c*) ; menace les pères de famille

---

(*a*) Valdaour.

(*b*) Ramalinga, Naturel du Pays, Avaldar ou Fermier d'Arcate.

(*c*) La Dame *Le Seigneur* lui demandant du ris pour ses deux enfans, le barbare eut la cruauté de lui répondre : *Eh bien ! mangez en un.*

» (*a*) de faire violer leurs filles par vos Soldats, excéde vos sujets » par des fouilles arbitraires, par des taxes immodérées, & cependant met à couvert tous ses effets, les fait passer à travers le » Camp ennemi ; entretient avec le Commandant Anglois la » plus scandaleuse correspondance ; donne des ordres pour » faciliter l'assaut à l'ennemi, finit par interdire le Conseil, » par éloigner les Chefs de tous les Corps militaires, fait » mine de vouloir capituler, ordonne au sieur de Landivisiau » de faire dresser une Capitulation, non-seulement de Place, » mais de Colonie ; mais déclare qu'en même-temps il rendra » sa personne à discrétion ; ensuite il se rétracte, ôte » au sieur de Landivisiau ses pouvoirs ; permet au Conseil » de capituler pour la Ville & les habitans, tourne en ridi- » cule, corrige de sa main un premier projet de Capitulation, » approuve le second, arrête pendant deux jours l'envoi des » Députés, attend que la Ville n'ait plus de vivres que pour » deux heures, consent alors au départ des Députés, leur » permet de présenter la Capitulation ; mais, avant qu'elle soit » lue, fait remettre au Vainqueur un Acte par lequel, en l'ac- » cablant d'injures, il lui déclare qu'il ne veut pas capituler, » l'avertit de l'état de la Place, rend ses troupes, *faute de » vivres* (*b*), prisonnières de guerre, aux termes d'un Cartel que » lui-même avoit enfreint ; réclame pour les habitans & pour » la Ville ce Cartel qui ne les concernoit pas ; avertit le Vain- » queur une seconde fois de sa propre foiblesse, lui dit qu'étant » le plus fort, il peut dicter les dispositions ultérieures, l'outrage

(*a*) Le Sr Carvailho, l'un des habitans les plus considérables, respecté par ses vertus & son grand âge ; il faisoit au Général des représentations sur une taxe arbitraire à laquelle il avoit plu au Général de l'imposer.

(*b*) Termes de la Déclaration du Général Lally au Colonel Coote.

» de nouveau ; & déclare après tout cela, que le Conſeil peut » non plus capituler, mais repréſenter pour lui & pour les » habitans..... Le Vainqueur, comme il étoit facile de le pré- » voir, renvoie les Députés du Conſeil, ſans les écouter ; le » lendemain, votre Général livre la Ville à l'ennemi moins » fort que lui en nombre. Bientôt les murs ſont abattus ; l'en- » nemi menace les maiſons de la même rigueur ; le Gouver- » neur repréſente, proteſte ; le Général ſe tient tranquille ; il » a bien ſçu pourtant proteſter depuis contre un traitement *(a)* » fait par le Vainqueur à des priſonniers vos ſujets ; les pro- » teſtations du Gouverneur ſont inutiles ; la Ville eſt raſée » de fond en comble, cette Ville ſi floriſſante, quand votre » Commiſſaire y mit les pieds, trois ans auparavant, n'eſt » plus qu'un amas de ruines..... ; &, tandis que vos Sujets pleu- » rent ſur leurs maiſons détruites, le Général s'occupe & » réuſſit à dérober aux regards du Conſeil, à tout œil Fran- » çois, les papiers de l'Intendant de votre armée ; il s'occupe » & réuſſit à ſuborner trois de ſes Gardes contre un Officier » François, pour un aſſaſſinat imaginaire..... Et c'eſt pour » l'auteur de tous ces crimes ; c'eſt pour l'homme coupable » d'une trahiſon auſſi marquée, qu'on vient, SIRE, non pas » demander grâce à VOTRE MAJESTÉ ; mais l'aſſurer que » votre Parlement a ſciemment ſacrifié par un Arrêt unani- » me l'homme juſte aux cris d'une cabale acharnée ; comme » ſi les preuves écrites & les aveux de l'Accuſé ne venoient » pas à l'appui des témoignages ! Comme s'il étoit poſſible » que des hommes ſe réuniſſent, les uns pour inventer, les » autres pour accueillir au nom de la Juſtice, au vôtre,

(*a*) C'étoit un traitement modique, fixé à tant par mois, par les Anglois, pour leurs priſonniers & notamment pour les Employés de la Compagnie.

» SIRE, autant d'horreurs ! Comme s'il se pouvoit que toute » une Colonie, que tout un Tribunal, missent à la fois dans leur » conduite autant d'acharnement & de sens froid, autant de » fureur & de combinaison ! Une telle défense est, SIRE, une » preuve de plus contre le traître. Que VOTRE MAJESTÉ » daigne enfin remonter aux principes de ces déclamations sé» ditieuses ; qu'elle daigne approfondir les intrigues particu» lières qui les ont suscitées, soutenues, fomentées, propagées. » On m'a défié de montrer les ressorts, de nommer les agens, » d'indiquer le but secret de ces intrigues ; j'accepte le défi ; » &, si VOTRE MAJESTÉ me l'ordonne, je lui dirai ce » que sçait toute la France, & ce qu'on a dissimulé à VOTRE » MAJESTÉ. Ainsi j'aurai tenu la parole de mon Adversaire, » qui promettoit *la vérité*, *toutes les vérités*. Et, dans ce cahos » éclairci, VOTRE MAJESTÉ démêlera sans peine ses bons » & loyaux serviteurs ; elle en imposera aux ennemis de sa » justice & de sa gloire ; qu'ils tremblent, qu'ils rougissent, » & sur-tout, SIRE, qu'ils se repentent, à votre voix ! Qu'à » la voix souveraine de VOTRE MAJESTÉ, tous ces fan» tômes, long-temps nourris dans les ténébres, & tirés du » sein de leur profonde obscurité pour les faire lutter contre » les loix ; l'innocence, la vérité, vos Magistrats, vos inté» rêts, rentrent enfin & pour toujours dans le néant. Toute » la France vous en conjure ».

Signé, DU VAL D'ÉPRÉMESNIL.

Me CLÉROT, Procureur.

De l'Imprimerie de LOTTIN l'aîné, Imprimeur du ROI & de la VILLE ; rue S. Jacques, au Coq ; 1780.

www.ingramcontent.com/pod-product-compliance
Lightning Source LLC
LaVergne TN
LVHW052031160826
845678LV00003B/1279

* 9 7 8 2 3 2 9 6 1 9 8 8 0 *